AF377278

LE PROCÈS

DES

QUATRE MINISTRES.

« La vengeance, indigne des grandes nations, n'appartient
« qu'aux temps des ténèbres et de la barbarie. »

(Rapport de la commission d'accusation.)

A PARIS,

CHEZ DELAUNAY, LIBRAIRE DE LA REINE,

AU PALAIS-ROYAL,

ET CHEZ LES MARCHANDS DE NOUVEAUTÉS.

—

1830.

LE PROCÈS

DES

QUATRE MINISTRES.

MOTIFS DE CET ÉCRIT (*).

Il y a deux parties distinctes dans ce procès : une qui regarde les accusés, l'autre qui nous regarde nous-mêmes, à cause des faux jugemens qu'elle attire sur notre caractère national, et qui seroient de nature à nous nuire gravement dans l'esprit des étrangers, si personne ne prenoit soin de les rectifier.

Ce qui concerne les prévenus est en bonnes mains, et nous n'avons point ici à nous en occuper. Il ne pouvoit leur être donné plus de garanties de sécurité, des juges plus éclairés et plus indépendans, un tribunal plus

(*) Comme le principal mérite de cet écrit est dans sa date, les lecteurs sont priés d'observer qu'il étoit à l'impression avant la séance des députés du 8 octobre.

inaccessible aux impressions du dehors, ni plus sourd au bruit des tempêtes populaires qui déconcertent quelquefois les ames communes.

Ainsi, le procès des quatre ministres ne se ressentira point, pour eux personnellement, des circonstances fâcheuses qui ont voulu qu'il fût jugé au milieu des orages d'une révolution, et du feu des passions les plus irritées. Mais, chose étrange! c'est nous, et nous Parisiens surtout, qui avons à souffrir de ces mêmes circonstances, et de la réputation de dureté qu'elles nous ont faite, on ne sait pourquoi.

De toutes parts, en effet, vous entendez dire que nous sommes des tigres altérés du sang de quelques malheureux vaincus, et qu'il nous tarde de le voir livré à notre vengeance.

Vous entendez dire que c'est une affaire où les juges n'auront que l'application de la peine à prononcer, parce que la nation, constituée en grand jury, a d'avance prononcé l'arrêt des accusés.

Vous entendez dire qu'il y auroit beaucoup plus de hardiesse à les absoudre qu'à les condamner; comme s'il pouvoit être question de hardiesse dans cette cause plutôt que dans une autre, et que la justice n'eût rien à y voir!

Vous entendez dire qu'il faut recourir à mille précautions pour les soustraire à l'irritation du peuple, et qu'on ne sait quels barreaux placer entre eux et lui, pour retenir l'impatience de sa colère.

Vous entendez dire que ceux qui ont pansé les blessés de l'armée royale, au plus fort de la chaleur des combats, n'ont plus assez de modération pour respecter un arrêt de la justice qui seroit favorable à des ennemis vaincus.

Enfin, vous entendez dire toutes sortes de choses indignes du caractère des parisiens, indignes de nos mœurs nationales, indignes de la générosité française, indignes de la haute civilisation qui fait notre gloire et notre orgueil.

Ainsi que je viens de l'observer, c'est là ce qui nous regarde, ce qui nous fait une cause à part dans le procès des quatre ministres, et ce qui nous oblige à défendre notre honneur, tandis que, de leur côté, ils ont à défendre leur vie : car, s'il arrivoit qu'ils fussent condamnés, il est de notre devoir de protester d'avance contre toute idée qui tendroit à nous représenter, au dedans ou au dehors, comme plus affamés de condamnations que de justice, comme capables de demander aux lois plus de vengeances et de satisfactions qu'elles n'en avoient à nous donner. Ceci est grave pour nous; et à Dieu ne plaise que nous méritions jamais un reproche de cette nature !

CHAPITRE PREMIER.

CONSIDÉRATIONS QUI NE PERMETTENT POINT D'ATTRIBUER A
LA POPULATION DE PARIS LES SENTIMENS QU'ON LUI PRÊTE
RELATIVEMENT AU PROCÈS DES QUATRE MINISTRES.

———

LES chefs du parti qui a préparé les événemens de juillet nous avoient promis une révolution entièrement différente de l'ancienne, une révolution calme et froide comme la raison, dont elle devoit être le produit; en un mot, une révolution sans anarchie et sans excès, exempte de terreur et d'échafauds, et qui ne coûteroit ni sang, ni larmes à personne.

Sur la foi de cette promesse, une infinité d'honnêtes gens s'y sont engagés, qui cependant n'y auroient pris aucune part, s'ils eussent pu prévoir que leur espérance seroit trompée, et qu'ils n'arriveroient au but qu'on leur montroit de loin que par une route sanglante et funeste, pareille à celle que l'expérience du passé leur avoit fait connoître. Toute l'élite de la bourgeoisie de

Paris étoit de ce nombre. C'est en protestant contre l'autre révolution, qu'elle a combattu, qu'elle a consenti à subir une commotion passagère, qui se présentoit à sa pensée comme ne devant laisser aucune trace de foudre après elle, ni amener aucune des suites ordinaires à ces sortes de crises.

Telles étoient nos conditions avec le parti auquel nous nous sommes fiés ; et, n'en doutez pas, tel étoit aussi l'engagement qu'il avoit pris avec lui-même. Par conséquent, tout ce qui pouvoit tendre à nous éloigner de là devoit avoir l'inconvénient de ne répondre aux vœux de personne, et de tromper tout le monde.

Quelle n'a donc pas été notre surprise, ou, pour mieux dire, notre vive inquiétude, en voyant les premiers effets produits par cette secousse ! le commerce frappé tout à coup d'une mortelle langueur, les travaux de l'industrie suspendus, l'argent retiré de la circulation, le crédit public altéré comme celui des particuliers, la classe ouvrière en fermentation, les ateliers et les magasins sans mouvement, les capitalistes et les propriétaires de maisons effrayés du nouvel

état de choses, la confiance éteinte ou ébranlée partout ! Cette surprise, déjà si naturelle
et si grande, s'est encore accrue quand nous
avons remarqué l'embarras d'esprit de ceuxlà mêmes qui s'étoient flattés de pouvoir
commander aux vents et à la mer, et qui,
emportés par le flot dont ils se croyoient
maîtres, ont paru désespérer les premiers
de la possibilité de nous tenir parole en
nous donnant une révolution douce et bénigne.

Mais la pire de toutes ces plaies, parce
qu'elle est de la nature des maux dont un
proverbe dit qu'on ne guérit pas, c'est la
terreur, bien ou mal fondée, qui s'est emparée de beaucoup d'esprits, et qui menace de
faire revivre pour nous les anciennes douleurs de l'émigration. Déjà cette triste maladie a eu des commencemens dont la capitale s'est ressentie la première. Malgré tous
les efforts qu'on s'est empressé de faire pour
rétablir immédiatement le calme et la sécurité, il n'a pas été possible de modérer les
effets de la peur. Des milliers de citoyens
timides se sont hâtés de pourvoir à leur repos, et d'aller attendre dans l'éloignement

la fin des scènes qu'ils avoient vu com-
mencer avec effroi.

Certes, les Parisiens n'ont garde de dési-
rer que l'alarme se soutienne et se propage;
ils savent qu'il y va de la prospérité de leur
commerce et de la fortune de leur ville.
Quand il n'y auroit que cette considération,
ils n'appelleroient pas de leurs vœux ce qui
peut entretenir les anxiétés des riches et la
plaie de l'émigration. Ils sentent de quelle
importance il est pour eux de ne pas tenir
long-temps les esprits effarouchés par la
crainte et l'inquiétude, et encore moins par
la triste perspective des vengeances et des
supplices. A leurs yeux, c'est bien assez d'a-
voir à subir les inconvéniens naturels des
réactions politiques, sans chercher encore à
les aggraver volontairement par des acces-
soires d'anarchie et de terreur. C'est bien
assez du strict appareil des procédures criminelles et des actes réguliers de la justice,
sans qu'ils songent à y mêler l'effrayant sup-
plément de la menace et des cris de mort.

Aussi n'a-t-on rien de pareil à leur reprocher. Aucune tache de sang ne souille leur
pensée ni leurs vœux. Leur attitude est calme

et sérieuse ; ils se reposent dans la justice des lois, sans rien demander de plus ; et ce seroit indignement flétrir leur caractère dans l'esprit de la France et des étrangers, que de les représenter bouillonnans de vengeance et d'irritation à la vue de quatre prisonniers vaincus et désarmés, sur lesquels ils savent bien qu'aucun droit ne leur est réservé, et que d'ailleurs ils auroient secourus de leur propre mouvement, s'ils les eussent rencontrés, aux jours du combat, dans la foule des blessés.

En parlant de la stagnation des affaires et du dommage causé au commerce par les appréhensions des ames timides, par la fuite des riches et par la crainte de revoir des exécutions sanglantes, je n'ai peut-être fait valoir que la considération la moins capable d'agir sur l'esprit des Parisiens. A coup sûr, ils ne sont pas indifférens sur des points qui affectent si visiblement leurs intérêts matériels ; ils sentent que la confiance et le crédit public, déjà trop alarmés de ce qui s'est passé, n'attendent plus, pour ainsi dire, qu'une goutte de sang politique pour recevoir la dernière impression de terreur qui leur manque. Par conséquent, vous n'en pouvez douter, ils souhaitent de bon cœur qu'un si grand mal ne s'étende pas plus loin, et que la cause en soit détruite le plus promptement possible. Mais ils tiennent bien davantage encore à ce qu'on rende justice à leurs mœurs de peuple civilisé; à ce qu'on ne leur prête pas des haines et des sentimens de sauvages; à ce qu'on ne cherche point à imprimer sur leur caractère une tache de dureté odieuse dont ils ne veulent avoir à rougir ni devant les étrangers, ni à leurs propres yeux.

Mais, cela étant, d'où vient donc cette espèce de bourdonnement de l'opinion qui nous attribue une si grande irritation d'esprit et de cœur, et une soif de vengeance que nous ne ressentons point? La chose va s'expliquer tout simplement.

Vous savez que, depuis deux mois, il ne cesse d'affluer dans la capitale une prodigieuse quantité de gens qui sont venus de tous côtés visiter le champ de bataille pour y chercher quelque chose. Paris lui-même en compte dans son propre sein un bon nombre d'autres qui ont attendu la fin de l'orage pour se montrer, et prendre part à la victoire.

Cette classe nombreuse d'individus tient à vous donner bonne opinion d'elle, et à faire du moins ses preuves après coup. C'est à qui se distinguera par le plus de menaces, d'emportement et d'animosité. Elle cherche les groupes où elle peut placer des paroles de fureur, et surpasser les autres en acharnement. Comme pour se racheter à vos yeux de ce qu'elle est arrivée trop tard, elle tâche de renchérir sur tout ce qu'elle entend exprimer de vœux acerbes et de passions violentes. A force de s'échauffer et de s'animer entre eux, quelques-uns en viennent jusqu'à dire qu'ils auroient le courage.... Mais n'achevons pas; c'est un courage qui ne ressemble en rien à celui des gens de cœur de la vraie population parisienne. Il n'est permis de faire attention à ces choses-là que pour expliquer comment il se fait que des rumeurs sinistres puissent se trouver mêlées à un procès tout simple, qu'aucun honnête homme ne désire voir finir autrement que selon les inviolables règles de la justice.

Non, certes, nous ne souffrirons pas qu'il soit dit de nous que des malheureux nous auront trouvés plus rigoureux que les lois, et que la voix de nos ressentimens sera venue se mêler à l'accusation qui pèse sur eux. Cette conduite seroit de notre part une aggravation de peine qu'il ne nous appartient d'infliger à personne ; et la honte, d'ailleurs, nous en resteroit en pure perte, puisque nous savons très-bien qu'aucune clameur ne peut s'élever jusqu'à la haute région où se trouve placé le tribunal devant lequel les quatre accusés ont à comparoître.

Si donc il arrivoit que les suprêmes arbitres de leur sort entendissent quelque portion de la multitude s'échapper en démonstrations de haine et de courroux, il est de notre honneur qu'on sache d'avance à qui les attribuer. Il faut que les diverses classes qui font la gloire de la civilisation de Paris en soient pleinement justifiées et réputées incapables, comme elles le sont en effet, aux yeux de quiconque a été témoin de la générosité de leurs sentimens, et du degré de modération qu'elles ont montré dans la victoire.

Une seule observation doit suffire, au sur-
plus, pour démentir tout ce qui se publie
sur l'effervescence d'esprit de la capitale :
vous avez ouï parler de l'agitation et des
vives rumeurs occasionnées par l'arrestation
des quatre prisonniers, dans les villes de pro-
vince où ils ont été reconnus, et mis sous
la main de l'autorité. Vous avez entendu
dire par les journaux que l'on ne savoit
comment les préserver de la colère du peuple, et qu'il a fallu joindre la force à l'ha-
bileté, pour mettre leurs personnes à l'abri
de ces tumultueux soulèvemens ? D'après
cela, vous auriez cru qu'ils ne pourroient
approcher de Paris sans y rencontrer dix
fois plus de fureur et d'exaspération. Eh
bien ! il ne s'est élevé contre eux ni cris ni
menaces; personne n'a songé à les soustraire
au cours régulier de la justice ; personne ne
les a cherchés pour insulter à leur malheur;
personne ne s'est vu obligé de haranguer
la multitude pour l'appaiser, ni de placer
entre eux et elle des remparts de force armée. Cela est si vrai, que M. de Polignac
est arrivé en chaise de poste, accompagné
d'un seul officier de gendarmerie. Assuré-

ment, on ne pouvoit moins prendre de précautions, et montrer plus de confiance dans
les sentimens dont la population de Paris
est animée.

Si, après un témoignage d'estime aussi
glorieux pour elle, quelqu'un persiste à représenter la capitale comme une ville d'an-
thropophages, pour le coup, nous ne sau-
rons plus que répondre.

CHAPITRE II.

SUR UN ARGUMENT QUE LA PARTIE ÉCLAIRÉE DE LA POPULA-
TION DE PARIS DÉDAIGNE D'EMPLOYER, QUOIQU'IL AIT
L'AVANTAGE DE DISPENSER DE TOUT RAISONNEMENT.

Aux yeux de la multitude, il n'y a point de grief plus capital que celui-ci : *Ils ont fait tirer sur le peuple !* C'est en effet l'argument le plus facile à mettre à la portée de tout le monde, et qui tranche le plus vivement les difficultés.

Sans doute il y a quelque chose de déplorable dans cette condition de vie des sociétés humaines qui les force de se constituer, pour ainsi dire, en état de guerre contre elles-mêmes, en organisant l'attaque et la défense dans leur propre sein. Mais que pouvons-nous y faire ? Nous naissons malgré nous au milieu de ce triste état de choses, et les avantages de la civilisation sont à ce prix. Il faut en passer par là, ou rompre avec la patrie, pour vivre à l'écart.

2

Partout où les hommes sont réunis, vous retrouvez l'affreux inconvénient que nous déplorons tous ici du fond de notre cœur. De quelque côté que vous tourniez les yeux dans votre propre pays, l'appareil de la force publique, la vue des archers et des soldats, les sabres et les baïonnettes, tout vous avertit que la société est en défiance d'elle-même, et que ses précautions sont prises pour *tirer sur le peuple*, c'est-à-dire, sur nous tous, en cas d'événement.

Malheureusement, ce n'est donc point là une nouveauté qui puisse étonner personne; et ces sortes d'accidens ne sont que trop prévus. Que la troupe en vienne à tirer sur le peuple, ou que le peuple en vienne à tirer sur la troupe, c'est également un sujet de deuil et d'affliction profonde. Mais ce sont des maux inhérens à la vie sociale; c'est un tribut qu'il faut payer même à la vie sauvage, où l'on ne connoît que deux manières d'exister, celle de frapper ou d'être frappé.

Si, de l'examen de cette théorie, vous passez aux exemples, vous verrez que tout cela se juge avec plus ou moins de rigueur, d'après la manière dont on est affecté pour

le moment ; mais que, l'heure de l'irritation
passée, on en revient toujours à voir les
choses sous leur véritable aspect, qui est
celui des guerres civiles.... guerres néfastes
et maudites avec raison, par dessus les autres, parce que tous les coups y portent sur
la patrie ; mais que les hommes ont eu la
folie de consacrer par leurs suffrages, en y
attachant souvent des idées de gloire.

Oui, nous sommes forcés d'en convenir,
c'est notre admiration stupide pour les
guerres civiles qui réussissent, c'est la cor-
ruption de notre opinion publique, c'est
notre facilité à pardonner les crimes heureux
en ce genre, qui ont fini par nous familia-
riser avec la consigne de tirer sur le peuple,
comme avec celle de tirer sur l'ennemi.
Toutes les pages de l'histoire ancienne et
moderne sont entremêlées de ces deux sortes
de guerres, sans que nous fassions presque
aucune attention à la différence : mais, pour
être justes, avouez franchement que ces misères humaines ne datent pas du ministère
de M. de Polignac.

Pour n'en appeler qu'aux souvenirs les
plus vivans parmi nous, commençons par

citer l'exemple de Bonaparte. Ce fut *en ti-*
rant sur le peuple, le 13 vendémiaire, et
en fesant mitrailler la population parisienne, qu'il nous révéla son existence; et,
chose honteuse à dire! cette boucherie en
fit tout à coup pour nous un héros histo-
rique dont le nom s'éleva jusqu'aux nues.
Dès le lendemain, il devint l'objet des plus
hautes récompenses nationales, et il ne fal-
lut rien moins que le commandement en
chef d'une armée, pour payer, disoit-on,
une gloire comme la sienne.

Où cependant l'avoit-il acquise, cette
gloire? et que venoit-il de lui arriver, pour
qu'il méritàt de passer si vite de la plus profonde obscurité au faîte des honneurs mi-
litaires, et de monter sur le char des triom-
phateurs?.... *Il avoit fait tirer sur le peuple.*
Singulière bizarrerie du sort, qui établit tant
de différence entre des choses pareilles et
parfaitement identiques, et qui justifie si
littéralement ce vers philosophique de je ne
sais quel poète :

Et par où l'un périt, un autre est conservé !

Personne, que nous sachions, n'a jamais

songé à flétrir cette triste origine de la renommée de Bonaparte. Son 13 *vendémiaire* a passé avec le reste de ses trophées, sans que le premier ait fait tort aux autres, et qu'il soit venu à la pensée des historiens de les séparer. On ne lui a rien reproché ; on ne lui a fait de procès là-dessus ni avant ni après sa mort. Sa mémoire n'en souffre point ; l'éclat de sa vie militaire n'en est point terni ; toute sa gloire a été prise et défendue en bloc. Cependant *il avoit fait tirer sur le peuple*, et les marches de l'église Saint-Roch, entre autres, sont toujours là pour l'attester par les traces de foudre qu'elles en ont gardées. Mais, encore une fois, c'est que, dans l'ordre de nos idées de civilisation, les guerres civiles sont comme le duel, qui jouit du privilége de n'être point classé parmi les attentats criminels.

Voici un autre personnage célèbre auquel l'histoire ne fait point de reproches graves, et dont la France adore la mémoire ; c'est Henri IV. Faites-vous bien attention à ce que vous louez dans sa vie de prince valeureux, à ce qui vous cause le plus d'admiration pour lui? presque pas autre chose que des guerres civiles; car celui-là aussi *a fait tirer sur le peuple.* Il a eu de longs et terribles démêlés avec ses sujets; et ce qui prouve combien nos mœurs nous rendent enclins à passer là-dessus, vous ne l'en aimez pas moins. D'où cela vient-il, sinon que les peuples se sont habitués à subir ces dures conditions de leur état social, et à ne rien voir que de naturel dans la nécessité de vider quelquefois, de cette manière, les querelles qui s'élèvent entre eux et les gouvernemens?

A présent, si nous voulons nous rappeler la longue guerre de la Vendée, en quoi a-t-elle consisté, si ce n'est *à faire tirer sur le peuple ?* Dans cette lutte de combattans français, des guerriers se sont illustrés de part et d'autre; des héros sont sortis de là des deux côtés, et des deux côtés aussi l'on est convenu de s'accorder réciproquement de la gloire. Quelqu'un a-t-il pensé à fonder là-dessus des procès criminels, et à se renvoyer du déshonneur? Non; il n'en est resté à personne ni mépris ni haine. On a mutuellement essuyé ses plaies et ses larmes, et tout a passé comme étant de bonne guerre.

« Vous avez tiré sur moi, j'ai tiré sur vous;

» nous voilà quittes. » C'est ainsi que raisonnent les hommes à cœur noble et à sang généreux , qui aiment mieux pécher par excès de loyauté que par excès de vengeance.

Ces réflexions, vous croyez peut-être que c'est de moi qu'elles viennent, et que je les présente ici par forme de conseil ou de leçon ? détrompez-vous ; c'est au milieu des conversations de la capitale que je les ai recueillies. Elles sont le résumé de ce que j'ai entendu dire partout où j'ai rencontré des hommes éclairés appartenant à la vraie population de Paris, à la garde nationale, à la bourgeoisie et au commerce. J'en excepte encore moins cette classe distinguée de citoyens qui, tout en payant de leur personne dans les journées de juillet, ont su arrêter la victoire sur la limite du désordre, sans permettre à l'anarchie de passer outre. Ceux-là, sans contredit, sont les plus généreux et les plus modérés. C'est ce que nous devons tous avoir à cœur de constater pour l'honneur de la capitale, afin qu'il n'ait rien à souffrir de la réputation de violence qu'une autre portion d'individus pourroit mériter.

Et qu'on ne s'étonne point que l'élite des habitans de Paris dédaigne de s'armer contre les quatre ministres accusés, de l'argument banal qui consiste à dire pour toute raison : *Ils ont fait tirer sur le peuple*. Les hommes qui savent apprécier le mérite d'une victoire, et qui tiennent à en retirer tout ce qu'elle peut leur rapporter d'honneur, seroient très-fâchés de la voir arriver toute seule, sans périls ni difficultés pour eux. Plus elle coûte cher, et plus ils en font de cas : de sorte que vous n'entrez nullement dans le fond de leur cœur et de leur pensée, quand vous avez l'air de les plaindre, par votre exclamation, de ce qu'on a tiré sur eux. Ils le savent bien, et c'est là précisément ce qui les rend fiers, ce qui donne de l'éclat à leur conduite et du prix au résultat qu'ils ont obtenu. Croyez bien qu'ils ne voudroient pas que les choses se fussent passées autrement, ni ailleurs que sur un champ de bataille. Supprimez le feu et les balles de la victoire qu'ils ont remportée, et vous verrez qu'ils se soucieront fort peu du reste.

Oui, vous pouvez être sûrs que votre argument n'est point de leur goût, et qu'ils l'abandonnent volontiers aux petits courages chagrins d'avoir été absens. *Ils ont fait tirer sur le peuple !.....* Hé! vraiment, c'est bien ainsi que l'entendent ceux qui ont tout bravé pour courir au-devant du feu, et qui seroient désolés de n'y avoir pas rencontré des périls à rendre le cœur fier. Ce n'est point contre des automates et des épouvantails qu'ils ont prétendu combattre : ils savent que ces choses-là veulent être sérieuses pour être glorieuses ; et la chose du monde qui les contrarieroit le plus seroit que l'on pût dire qu'on n'a pas tiré sur eux.

Ainsi, vous voyez que nous mettons les choses au pis, et que nous ne cherchons point à diminuer la force de l'imputation que vous regardez comme la plus grave contre les ministres accusés. De peur cependant de manquer de justice en vous accordant, à leurs dépens, plus qu'il ne convient, observons que le point en question pourroit bien ne pas être aussi fondé qu'on le prétend. Voici du moins ce qui nous porteroit à le penser.

En général, on raisonne fort juste après les événemens : mais, pour apprécier avec

équité les causes dont ils sont sortis, il faudroit se placer dans les circonstances qui les
ont précédés. Or, mettez-vous à la place des
ministres, à ce moment où vous supposez
qu'ils ont dit que le sort en étoit jeté, et que,
s'il falloit en venir aux dernières extrémités,
on y viendroit. Dans ce cas, voici la position où vous vous seriez trouvés.

Une foule de conseillers officieux, comme
il n'en manque jamais autour des hommes
du pouvoir, seroit venue de toutes parts
vous offrir son tribut d'expérience et de sa-
gesse. Elle vous auroit trompés sur l'état de
l'opinion publique, en vous persuadant qu'il
n'y avoit qu'à faire montre d'énergie, pour
tout réduire à l'obéissance et au devoir. Ils
vous auroient cité toutes les fautes commises
par foiblesse depuis quarante ans; ils vous
auroient entassé raisons sur raisons pour
vous prouver qu'il n'y auroit pas de résistance, et qu'à la seule vue d'un grand appareil de force, tout reculeroit et disparoî-
troit sans coup férir. Une chose dont vous
pouvez être bien convaincus, c'est qu'il ne
seroit pas entré une goutte de sang dans leurs
conclusions, et qu'ils vous auroient promis,

avec certitude, un triomphe si peu coûteux que vous n'auriez pu vous défendre d'en être séduits.

Je ne me suis point trouvé en position de donner mon avis là-dessus, et personne ne me l'a demandé. Mais, tout amour-propre à part, j'avoue de bonne foi que, si j'avois eu le malheur d'être ministre dans une telle circonstance, j'aurois très-bien pu m'y voir pris tout comme un autre ; tant j'étois loin, avant l'événement, de rien imaginer de pareil à ce qui est arrivé. Oui, ce que je blâme et déplore après coup ; ce qui me paroît maintenant si étrange et si funeste, m'eût peut-être paru alors dans l'ordre des idées saines et des probabilités. J'aurois peut-être partagé le sentiment de ces mêmes conseillers officieux dont je parlois tout à l'heure, et prétendu comme eux que ce qui s'est réalisé le lendemain étoit impossible la veille. J'aurois cru aussi qu'on n'auroit pas besoin de tirer sur le peuple, parce que le peuple n'affronteroit pas la masse de forces qu'il avoit vue encombrer Paris, le jour du *Te Deum* pour la prise d'Alger. J'aurois cru aussi qu'il n'y auroit jamais nécessité à re-

courir aux terribles moyens par lesquels on
a fini.

Si tout le monde voulóit y mettre la même
franchise, bien d'autres que moi convien-
droient, à la décharge des anciens ministres,
que la fatale consigne du 27 juillet n'avoit
pu être dans leur pensée qu'une prévision
sans conséquence, et une sorte d'épouvantail
destiné à parcourir les rues pour faire peur à
la multitude. En tout, il faut considérer les
choses par leur côté naturel, et il étoit si
peu naturel que le cas de tirer sur le peuple se présentât, je ne dirai pas pendant
trois jours, mais pendant trois minutes,
qu'en vérité les plus habiles eussent été bien
excusables de ne pas le deviner.

Cela est si vrai que les héros mêmes de ces
terribles journées, ceux qui ont participé le
plus chaudement, de leur personne, à cette
mémorable lutte, ne reviennent pas de la
surprise qu'elle leur a causée, et qu'en pré-
sence d'un si incroyable résultat, ils sont les
premiers à convenir qu'ils en croient à peine
leurs yeux. Tel est en effet le trait caractéris-
tique qui domine tout cet événement, qu'on
en est long-temps demeuré interdit en France

comme dans les pays étrangers, et qu'à mesure que la connoissance en est parvenue au loin, toute l'Europe a cru rêver.

Et vous voulez que quelques malheureux ministres, entourés de flatteurs ignares et de donneurs de conseils, aient prévu ce que personne n'avoit pu prévoir, ce que tout le monde regarde encore comme incroyable après l'événement! Vous voulez qu'ils aient été plus habiles que vous tous, qui convenez que jamais vous n'auriez osé vous attendre à rien de pareil! Vous voulez qu'ils aient deviné une résistance qui vous étonne vous-mêmes, vous qui l'avez faite, et que la nécessité d'en venir à des extrémités si peu naturelles se soit présentée à leur esprit! Non, vraiment; ils viendroient tous me l'assurer, que je ne le croirois pas.

Mais enfin, vous persistez à dire *qu'ils ont fait tirer sur le peuple*. Eh bien! accordons ce point, malgré toute la folie qu'il faudroit supposer dans des têtes qui auroient pu prévoir ce qui est arrivé. Au moins, vous aurez égard à ce que cette déplorable ressource des gouvernemens établis ne peut être considérée ni comme particulière à la France, ni comme une invention nouvelle. Dites qu'elle est triste et faite pour désenchanter les jouissances de la civilisation; je n'en disconviendrai pas. Mais, comme je l'ai déjà fait observer, c'est une des maladies naturelles de l'état social, et une condition qu'il faut subir, sous peine de périr par mille autres côtés. Assurément, notre garde nationale de France est tout ce qu'on peut imaginer de moins offensif contre les personnes, et de plus avare du sang des citoyens. Cependant vous voyez qu'on lui donne des sabres et des baïonnettes; on lui distribue quelquefois des cartouches, et, et en cas d'émeutes sérieuses, on fait marcher des canons devant elle. Or, on vous le demande, qu'est-ce que tout cela signifieroit, si l'occasion de *tirer sur le peuple* ne pouvoit jamais entrer dans sa consigne?

Hélas! oui, notre civilisation en est encore là, et elle en sera toujours là. S'il peut être de quelque consolation pour nous que toutes les autres nations aient à passer par le même régime, soyons consolés. Partout il est établi; partout on y est façonné; partout on le regarde comme une des plus inévitables misères humaines. En Belgique, on tire sur le peuple qui refuse de payer la dette publique des Hollandais; à Berlin, on tire sur le peuple qui demande la permission de fumer dans les jardins royaux; à Hambourg, à Dresde, à Leipsick, en Hanôvre, on tire sur le peuple qui demande des redressemens à quelques griefs; en Angleterre, on tire sur le peuple qui se réunit en trop grande foule autour des *hustings* électoraux. Enfin c'est la même chose partout; et notre malheur veut que ce ne soit une nouveauté nulle part.

Je ne prétends pas qu'il faille se réconcilier de bon cœur avec cette horrible idée; mais je dis qu'il faut la prendre pour ce qu'elle est, surtout dans les pays où l'on sait repousser les coups, et où le peuple aime mieux les rendre à ceux qui tirent sur lui, que de demander qu'on lui en fasse grâce. Voilà pourquoi les Parisiens tiennent à honneur qu'on ne leur prête pas ces sentimens d'arrière-vengeance qui ne conviennent qu'aux petits courages et aux gens battus. Quand ils croient avoir à se venger de quelque chose, ils veulent faire toute la besogne eux-mêmes, sans laisser à personne le soin de l'achever.

Ainsi, tenez pour certain que l'exclamation : *Ils ont fait tirer sur le peuple*, et encore moins la conclusion qu'on semble vouloir en faire sortir, ne viennent point de ceux qui ont pris en personne, sur le champ de bataille, la satisfaction qu'ils y cherchoient. Ils n'ont prétendu que remporter une victoire de l'espèce de celles que procurent la bravoure et les combats loyaux, sans songer à mettre à mort les prisonniers qu'elle pourroit leur livrer. Mais il ne suffit pas qu'ils soient incapables d'appeler la main du bourreau à compléter un triomphe où leur courage n'a rien laissé d'imparfait; il faut encore qu'on le dise à la gloire de qui il appartient, et que tout le monde le sache en Europe. Il faut que partout l'opinion publique soit mise en garde contre les faux jugemens auxquels l'irritation et le cri des petites ames pourroient exposer le noble caractère des Parisiens. Il importe en effet qu'une vociféation indigne d'eux ne leur soit pas attribuée, et que l'estime qu'ils ont su mériter ne soit affoiblie par aucune apparence de cruauté.

Quand ils n'auroient pas fait leurs preuves

comme gens de cœur, ils les ont assez faites comme gens d'esprit et de bon sens, pour n'être pas capables de vouloir que l'Europe soit épouvantée encore une fois de l'idée de revoir le cours des vengeances et de la terreur se substituer en France au cours de la justice. Ce n'est pas lorsqu'on a vu tant de choses et acquis tant d'expérience pendant quarante ans, qu'on s'étonne d'avoir un peu de modération à exercer, et quelques mouvemens d'irritation à retenir. Nous sommes, Dieu merci, à l'épreuve des grands événemens de toute espèce; et si les Parisiens n'avoient pas la force d'assister avec calme au procès de quatre malheureux vaincus, à coup sûr ils feroient tomber de bien haut l'opinion qu'on a d'eux.

Mais, par bonheur, il n'en est pas ainsi, et il est inutile de les justifier là-dessus plus longuement. Bornons-nous à répéter que ce n'est point de leur bouche qu'on entend partir l'argument vulgaire dont il s'agit ici : car la partie éclairée de la population de Paris n'a pas besoin qu'on lui apprenne que cet argument n'est capital ni devant les justices étrangères ni devant la nôtre, puis-

qu'elles sont toutes forcées d'admettre le fa-
tal droit de recourir quelquefois à la force
des armes.

CHAPITRE III.

FAITS QUI DÉMENTENT LES SENTIMENS DE VENGEANCE ET
D'ANIMOSITÉ QU'ON ATTRIBUE FAUSSEMENT A LA POPULA-
TION DE PARIS, CONTRE SES INTÉRÊTS ET SON HONNEUR.

———

ÉCOUTEZ ceux qui montrent le plus de
colère et d'irritation contre les quatre ministres. « Ah! s'ils avoient eu le dessus
» comme nous, disent-ils, Dieu sait com-
» ment nous aurions passé notre temps, et
» à quelle mauvaise espèce de vainqueurs
» le peuple auroit eu affaire! »

Traduisez cette phrase; il est évident
qu'elle signifie : « Nous valons mieux qu'eux,
» et nous sommes incapables d'user de la
» victoire comme ils en auroient usé à notre
» place. » Autrement, il faudroit supposer
que ceux qui tiennent ce langage se décla-
rent aussi de mauvaises gens, et que, tout
en présumant le mal chez les autres, ils
n'ont pas de meilleurs sentimens. Or, est-il
naturel d'imaginer que ce soit là l'idée qu'ils

veulent vous donner de ce qui se passe en eux? Assurément non; cela veut dire qu'ils sont indignés des intentions qu'ils attribuent, à tort ou à raison, aux quatre accusés, et que, puisqu'il eût été criminel à ces derniers d'exercer des vengeances après la victoire, ceux qui les blâment ne se sentent pas de disposition à mériter le même reproche.

Cette observation vient, comme beaucoup d'autres, à l'appui de ce que j'ai entrepris de prouver par cet écrit, savoir : que la réputation de violence et de cruauté qu'on veut nous faire, à l'occasion du procès des quatre ministres, est heureusement très-mal fondée.

Un fait généralement connu, sur lequel les journaux m'ont laissé peu de chose à dire, suffiroit à lui seul pour effacer le vernis de passion et d'iniquité qu'on cherche à répandre sur le caractère parisien. Cette même population qu'on vous représente aujourd'hui comme écumante d'exaspération et de fureur, vous l'avez vue au moment de sa plus grande fougue, lorsque l'ardeur du combat la montroit, pour ainsi dire, dans toute l'intensité de la colère. Eh bien! osez dire qu'elle ait manqué de générosité envers des ennemis désarmés, et qu'au milieu de ces terribles scènes d'effervescence, où l'humanité auroit si beau jeu pour s'affranchir de tous ses devoirs, elle ait oublié les droits du malheur et méconnu la voix de la pitié! Suisses, gardes royaux, amis ou ennemis blessés, tous étoient également les siens. Si donc vous voulez porter un jugement sur les mœurs et le caractère du peuple de la capitale, que n'en jugez-vous par là? c'est le plus sûr moyen de les voir au naturel, et de les prendre sur le fait.

Toujours est-il qu'après des preuves semblables de modération et de loyauté, il est bien difficile d'imaginer que les Parisiens se soient dépouillés tout à coup des nobles attributs de la civilisation, pour prendre des mœurs dures et farouches, et pour se montrer si barbares à froid, après l'avoir été si peu au plus fort de l'irritation et de la colère.

Ce n'est pas tout; comme s'ils eussent prévu la fausse rumeur dont ils auroient à se défendre, et voulu repousser d'avance l'injurieuse atteinte qui seroit portée à leur réputation par suite des vœux toujours un

peu brutaux des ames vulgaires, voyez quelle
a été leur première pensée en se retirant du
combat, et le prix qu'ils ont demandé à la
victoire. L'abolition de la peine de mort est
l'idée qui a percé de toutes parts. Les places
publiques, les journaux, l'enceinte même
de la législation, ont subitement retenti de
ce vœu imprévu. Quoique tout le monde
en ait fait sur-le-champ l'application à la position des quatre ministres, on n'a vu personne reculer devant cette pensée. La portion éclairée de la population de Paris l'a
saisie avec ardeur; toute la jeunesse l'a mise,
pour ainsi dire, à son ordre du jour, comme
quelque chose qu'elle croyoit propre à mar-
quer le triomphe de la modération et de la
philosophie.

Or, on vous le demande sérieusement,
est-ce là le cours naturel de la haine et de
la vengeance? Est-ce là un indice de grande
animosité contre les vaincus, et un signe
bien menaçant de la colère des vainqueurs?
En un mot, rapprochez ce fait des terribles
dispositions qu'on nous prête, et dites si
vous reconnoissez là des cœurs gros de ressentimens et de passions noires.

Quant à l'abolition de la peine de mort, ce n'est pas ici le lieu d'examiner à fond cette grave et haute question, qui est peut-être plus séduisante par ses beaux que par ses bons côtés. Je ne veux la considérer que sous le rapport du vœu que la circonstance du procès des quatre ministres rend si remarquable, et si propre à détruire la mauvaise impression que de folles rumeurs pourroient avoir produites à notre désavantage.

Cependant, je ne le cache pas ; tout en laissant à d'autres le soin de poursuivre l'abolition de la peine de mort, il y a dans cette question un point que je n'hésiterois pas à résoudre provisoirement : c'est celui qui regarde les condamnations en matière politique. Ce qui me fait croire que cette rigueur est excessive et horrible, et qu'on pourroit presque y renoncer sans examen, ce sont les repentirs qu'elle produit généralement après coup, et les inutiles efforts qu'on fait pour la réparer, quelques années après qu'il n'est plus temps.

J'ose mettre en fait que, s'il étoit accordé un sursis de dix ans à tous les hommes condamnés à mort pour crimes politiques, il n'en mourroit presque pas un. L'histoire est remplie d'exemples qui rendent cette vérité incontestable. Lisez vos annales et celles des autres peuples; vous entendrez tous les écrivains vous demander un regard de compassion et des larmes pour les victimes de la justice politique. Sans aller si loin, recueillez seulement vos souvenirs de la révolution. Toujours vous voyez survenir des circonstances où les malheureux qui ont péri par une cause, auroient été sauvés un peu plus tard par une autre; toujours des sentences criminelles revisées et cassées par le temps; toujours des contumaces qui reviennent se faire absoudre; toujours des tombeaux sur lesquels on va pleurer; toujours des familles veuves qu'on cherche en vain à consoler par de tardives expiations.

C'est que les colères de la politique sont de la nature de toutes les autres colères, qui permettent rarement d'agir selon les règles de la raison et de l'équité. Quand elles sont passées, on se sent tout honteux de ce qu'on a fait au moment de la fougue. Les regrets arrivent avec le calme; mais malheureusement ils arrivent seuls, sans rendre à ceux qui les éprouvent la liberté de faire mieux et la possibilité de ne rien réparer. Comme il s'agit ici d'un point de fait universellement reconnu, que tout le monde a vu justifié par l'expérience, qui a été et sera vrai dans tous les temps, convenons du moins qu'il est triste de faire des choses dont on est à peu près sûr de se repentir avant dix ans.

Ainsi, réellement, dans la question de la peine de mort appliquée aux crimes politiques, on pourroit tout résoudre par des sursis à l'exécution, que j'appellerois volontiers des sursis à la réflexion. Pour ma part, je me fie tellement à la raison publique, quand elle est reposée, que, si ma tête se trouvoit placée, par une condamnation capitale, entre un sursis pareil et l'abolition de la peine de mort, je me croirois aussi sûr de mon salut d'une manière que de l'autre. C'est dire assez combien d'exemples m'ont convaincu que la justice politique est fille des orages, et que ses jugemens disparoissent avec eux.

Et remarquez que ce n'est pas ici une manière de voir qui soit nouvelle, ou que la révolution nous ait plus particulièrement donnée qu'à d'autres époques. Dans tous les temps, vous avez vu les peuples s'intéresser aux victimes de ce qu'on appelle la raison d'état, s'enflammer contre les rigueurs de la politique, et lui reprocher ses actes violens. Éclate-t-il quelque part une commotion populaire, la multitude songe tout d'abord aux prisonniers détenus pour cause politique. Le préjugé commun est en leur faveur, et la première pensée est de les réputer innocens. Ce fut ce même instinct de pitié qui précipita le peuple de Paris contre l'ancienne Bastille, et qui le fit bondir de joie, quatre ans après, à la chute des autres Bastilles que le régime de la terreur avoit relevées.

Enfin, nous sommes si naturellement disposés à plaindre les victimes de la justice politique, et à casser les jugemens dont elles ont été frappées, que cent cinquante ans n'ont pas suffi pour nous réconcilier avec le procès du surintendant Fouquet, quoique le courroux de Louis XIV n'ait osé aller contre lui jusqu'à la mort, et l'en ait tenu quitte pour un exil perpétuel. Celui-là cependant ne se recommandoit guère à la grâce ni à la commisération du peuple; et

si le crime de concussion eût alors été capital, jamais ministre n'auroit mieux mé-
rité que lui le dernier supplice. Mais tel est
notre besoin d'absoudre ceux qui n'ont failli
qu'en matière politique, que le demi-châti-
ment de Fouquet a laissé sur le caractère
de Louis XIV une empreinte de dureté qui
ne s'effacera jamais.

Comme si ce n'étoit pas assez d'avoir par-
donné au plus célèbre des concussionnai-
res, en faveur d'une expiation qui déplaît
à nos mœurs, la postérité a cru devoir ré-
compenser de son admiration le peu d'amis
qui osèrent le défendre et lui rester fidèles
dans la disgrâce. Nous en avons fait un mérite infini à Pélisson ; et dès l'enfance on
nous apprend à réciter avec attendrissement
ces quatre vers de La Fontaine, qui demeu-
reront éternellement applicables à toutes les
victimes des hautes disgrâces et des vengeances de la politique :

> Lorsque, sur cette mer, on vogue à pleines voiles,
> Qu'on croit avoir pour soi les vents et les étoiles,
> Il est bien mal aisé de régler ses désirs ;
> Le plus sage s'endort sur la foi des zéphirs.

Hé ! oui, mon Dieu ! nous nous serions

presque tous endormis à la place de ce même
homme, dont nous demandons ensuite la
mort dans un accès passager de fureur.
Comme lui nous aurions probablement cédé
aux trompeuses illusions du pouvoir; comme
lui nous nous serions trompés sur quelque
point capital; et si la même fatalité nous eût
mis comme à lui un bandeau sur les yeux,
comme lui nous aurions glissé dans les pré-
cipices. Voilà pourquoi nous devenons si
indulgens sur ces sortes de fautes, aussitôt
que le sang-froid et la réflexion nous reviennent, et que le calme des passions nous
a permis de faire un retour sur nous-mêmes.

Ceci m'a un peu éloigné de mon but principal, qui étoit de me borner à venger la
population de Paris de la mauvaise renommée qu'on veut lui faire, en la représen-
tant comme hors d'elle-même contre les
quatre ministres, et prête à se ruer sur eux
dans sa colère... J'ai déjà répondu à cette
imputation par beaucoup de raisons et de
faits notoires. En voici quelques autres que
j'y ajoute pour terminer cet écrit.

On ne peut guères douter que Paris ne
soit à la tête du grand mouvement d'éman-

cipation dont il a donné l'exemple dans les journées de juillet. On dit communément que qui veut la fin veut les moyens. Or, ce seroit certainement ne les pas vouloir que de rendre effrayantes pour les autres gouvernemens les suites de la victoire qu'il a remportée : car les autres États ont aussi des ministres, qui doivent être fort attentifs, dans ce moment, à regarder ce qui se passe chez nous, afin de juger par notre conduite à l'égard des vaincus, du sort qui les attendroit eux-mêmes, s'ils venoient à tomber dans une situation pareille. Montrez-leur des échafauds et des victimes ; et je vous réponds que vous ferez acheter cher à leurs sujets l'émancipation que vous cherchez à leur procurer. A coup sûr, ils seroient bien bons de ne pas résister à outrance, de ne pas pousser la défensive jusqu'à la dernière extrémité, si vous leur montrez des échafauds pour perspective, au bout de leur champ de bataille. Cependant voilà le service que les patriotes de France rendroient à leurs amis ; voilà les terribles obstacles qu'ils leur donneroient à surmonter, en offrant aux ministres des gouvernemens étrangers un exemple de terreur qui les avertiroit de vaincre, sous peine de mort.

Ce seroit mal connoître le bon sens et la portée de jugement des Parisiens que de les supposer insensibles à des considérations d'une telle évidence. Il est peu d'autres points qui aient échappé à leur discernement; et dans cet écrit je ne fais réellement que métier de copiste, en rapportant leurs propres réflexions. Je puis assurer qu'à moins d'avoir l'oreille fermée au milieu d'eux, à dessein de ne rien entendre, il est impossible de ne pas remarquer combien leur langage est contraire au vœu funeste qu'on ose leur prêter. Non-seulement ils ne le forment point, mais leur pensée s'effraie des suites qu'une seule condamnation politique pourroit avoir dans un moment où toutes les imaginations se trouvent comme chargées des images de la première révolution, et peu disposées à se laisser guérir de la peur.

D'après cet état vrai des esprits, qu'on ne vienne donc plus nous dire que la cour des pairs est placée sous une influence dangereuse pour les quatre ministres. Non, cer-

tainement. Cette influence tenteroit de s'exercer, qu'elle ne domineroit pas une réunion
de caractères aussi nobles et aussi élevés.
Mais elle n'existe pas, et cela vaut encore
mieux. Répandre et entretenir cette rumeur,
c'est donc faire gratuitement injure aux sentimens qui se sont révélés jusqu'à présent
dans le cœur des Parisiens. Ils demandent
que les juges prononcent, et rien de plus.
Je ne veux point offenser les autres popu-
lations de la France; mais je ne crains pas
de dire que celle de la capitale, à cause de
ses lumières et de son esprit de justice rai-
sonnée, offre des garanties de modération et
d'équité qu'on trouveroit difficilement ailleurs au même degré.

Paris est peut-être la ville du monde où
l'on entend le mieux les lois de la civilisation, et où l'on rougiroit le plus de les fou-
ler aux pieds. Aussi dans les temps de crise
et de danger, c'est là qu'on reste et qu'on se
réfugie de préférence. Cela ne vient pas seulement de ce qu'on s'y trouve plus perdu
dans la foule, mais de ce que le degré d'é-
ducation politique du peuple y promet plus
de justice et de raison que dans la plupart

des autres cités. Enfin, et c'est une louange qui appartient à toute notre France : nous sommes si loin des mœurs de la barbarie, qu'on est tout étonné d'avoir quelqu'un à justifier parmi nous d'une pensée d'inhumanité. Il est vrai que c'est une tâche aisée à remplir, et que les progrès de la civilisation rendent chaque jour plus facile dans notre pays.

Bientôt il n'y aura plus que les sauvages qui continueront de manger des ennemis vaincus ; et c'est aussi pour cela que nous continuerons de les appeler sauvages.

FIN.

PARIS. — IMPRIMERIE D'AD. LE CLERE ET Cᵉ,
quai des Augustins, nº 35.